W9-COJ-800

Guardia Costera de los Estados Unidos

Julie Murray

ABDO
FUERZAS ARMADAS
DE LOS ESTADOS UNIDOS
Kids

www.abdopublishing.com

Published by Abdo Kids, a division of ABDO, PO Box 398166, Minneapolis, Minnesota 55439.

Copyright © 2015 by Abdo Consulting Group, Inc. International copyrights reserved in all countries. No part of this book may be reproduced in any form without written permission from the publisher.

Printed in the United States of America, North Mankato, Minnesota.

072014

092014

THIS BOOK CONTAINS RECYCLED MATERIALS

Spanish Translators: Maria Reyes-Wrede, Maria Puchol

Photo Credits: Alamy, Corbis, Getty Images, Shutterstock, Thinkstock, © U.S. Coast Guard p.13, © TSgt Michael Holzworth p.19, © Steve Collender p.1 / © Gary Blakeley p.5 / © Ivan Cholakov p.11 / © RCPPHOTO p.15 / Shutterstock.com

Production Contributors: Teddy Borth, Jennie Forsberg, Grace Hansen

Design Contributors: Candice Keimig, Laura Rask, Dorothy Toth

Library of Congress Control Number: 2014938913

Cataloging-in-Publication Data

Murray, Julie.

[United States Coast Guard. Spanish]

Guardia Costera de los Estados Unidos / Julie Murray.

   p. cm. -- (Fuerzas Armadas de los Estados Unidos)

ISBN 978-1-62970-389-3 (lib. bdg.)

Includes bibliographical references and index.

1. United States Coast Guard--Juvenile literature. 2. Spanish language materials—Juvenile literature. I. Title.

363.28--dc23

                    2014938913

Contenido

Guardia Costera de los Estados Unidos

La Guardia Costera es una de las ramas de las **Fuerzas Armadas** de los Estados Unidos.

5

La Guardia Costera vigila las costas. También ayuda en casos de **emergencia** como huracanes e inundaciones.

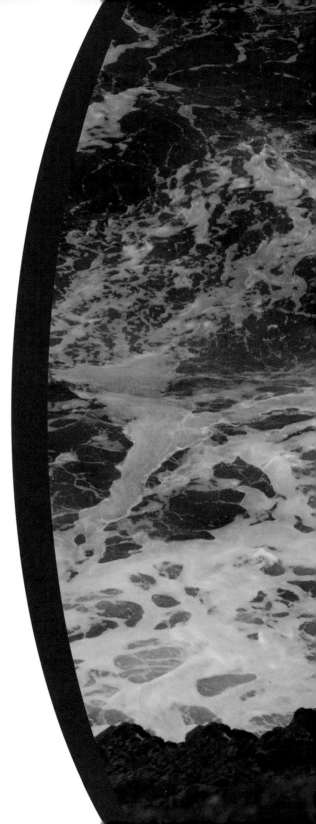

La Guardia Costera se dedica a la búsqueda de barcos perdidos. También rescata a la gente que está **a la deriva** en el mar.

8

9

Vehículos

La Guardia Costera tiene barcos grandes. Se llaman **guardacostas**.

Hay **guardacostas** especiales que rompen el hielo para que los barcos pasen.

U. S. COAST GUARD

11

13

La Guardia Costera tiene barcos pequeños. También tiene helicópteros y aviones.

14

Trabajos

En la Guardia Costera se pueden cumplir diferentes funciones. Los artilleros trabajan con armas.

16

Los tenderos registran la mercancía. Los pilotos vuelan aviones y helicópteros.

"*Semper paratus*"

¡La Guardia Costera cuida diariamente la seguridad de la gente de los Estados Unidos!

Glosario

a la deriva – cuando una persona se encuentra en una situación de la que no puede escapar sin ayuda.

emergencia – evento repentino que requiere asistencia o rescate.

fuerzas armadas – fuerza militar (tierra), naval (mar) y aérea (aire). Protegen y sirven a la nación.

guardacostas – barcos que usa la Guardia Costera. Hay tripulaciones que viven en estos barcos de forma permanente.

Índice

abdokids.com

¡Usa este código para entrar a abdokids.com y tener acceso a juegos, arte, videos y mucho más!

Código Abdo Kids:
UUK0953